William Shakespeare

Adaptação a partir do original em inglês: Paulo Seben
Revisão técnica: Pedro Garcez
Supervisão: Luís Augusto Fischer

Hamlet

Versão adaptada

Texto de acordo com a nova ortografia

> **NOTA EDITORIAL**
> Esta edição foi baseada na versão integral do texto de William Shakespeare. O texto original foi reduzido em tamanho e a linguagem foi adaptada para um público específico, o de neoleitores, segundo critérios linguísticos (redução do repertório vocabular, supressão ou mudança de pronomes, desdobramento de orações, preenchimento de sujeitos, etc.) e literários (abertura de capítulos, desdobramento de parágrafos, reordenação de informações no tempo e no espaço, ênfase na caracterização de personagens, etc.) que visam a oferecer uma narrativa fluente, acessível e de qualidade. Shakespeare escreveu esta história para o palco, para o teatro, para ser encenada, num texto que praticamente só tem diálogos entre os personagens. Aqui, você vai ler uma adaptação em prosa, quer dizer, uma narração da mesma história como se fosse um romance, para facilitar o acompanhamento da trama. Mesmo assim, permanece uma grande quantidade de diálogos, que são adequados para atores representando a história sobre um palco, ou no cinema.

Concepção e coordenação do projeto: L&PM Editores
Equipe editorial: Ivan Pinheiro Machado, Paulo de Almeida Lima, Lúcia Bohrer, Caroline Chang, Janine Mogendorff, Mariana Donner e Emanuella G. Santos
Adaptação a partir do original em inglês: Paulo Seben
Revisão técnica: Pedro Garcez
Supervisão: Luís Augusto Fischer
Capa: Marco Cena sobre ilustração de Gilmar Fraga
Revisão: Elisângela Rosa dos Santos e Patrícia Yurgel
Ilustrações: Gilmar Fraga
Mapa: Fernando Gonda

CIP-Brasil. Catalogação na Fonte
Sindicato Nacional dos Editores de Livros, RJ.

S449h

Seben, Paulo, 1960-
    Hamlet: versão adaptada / William Shakespeare; adaptação a partir do original em inglês, Paulo Seben; revisão técnica, Pedro Garcez; supervisão, Luís Augusto Fischer; [ilustrações Gilmar Fraga]. – Porto Alegre, RS: L&PM, 2018.
    64 p. : il. – (É só o Começo)

Adaptação de: *Hamlet* / William Shakespeare
ISBN 978-85-254-2357-3

1. Teatro inglês (Literatura) - Adaptações 2. Romance brasileiro. I. Shakespeare, William, 1564-1616. Hamlet. II. Fischer, Luís Augusto, 1958-. III. Título. IV. Série.

11-3144.   CDD: 869.93
                 CDU: 821.134.3(81)-3

© desta edição, L&PM Editores, 2011

Todos os direitos desta edição reservados a L&PM Editores
Rua Comendador Coruja, 314, loja 9 – Bairro Floresta
90.220-180 – Porto Alegre – RS – fone: (51) 3225.5777

Pedidos & Depto. Comercial: vendas@lpm.com.br
Fale conosco: info@lpm.com.br
www.lpm.com.br

Impresso no Brasil
Inverno de 2018

Este livro que você tem nas mãos é um convite. Um convite para viajar através de histórias de homens e mulheres que tiveram ideias e ideais, que amaram e sofreram, como você e todos nós. São homens e mulheres inventados a partir da observação da realidade, pela imaginação do escritor.

Você está sendo convidado a caminhar com esses personagens e a compreender os dramas que eles viveram, as escolhas que fizeram para encarar a vida. Pode ser que em alguns momentos você encontre semelhanças com algo que você já viveu ou sentiu; em outros momentos, tudo pode parecer novidade, porque esta história acontece num tempo bem diferente do nosso.

Sugerimos que você mergulhe na história, imagine o cenário e a época dos fatos narrados. Você pode se colocar no lugar dos personagens ou simplesmente acompanhar a história, para entender os destinos dessas vidas.

O texto que você vai ler foi adaptado numa linguagem mais simples, para você ler com mais facilidade. Para ajudar, aparecem ao longo do texto algumas notas históricas, geográficas e culturais. Você também vai encontrar, depois da narração, ideias para pensar, conversar, debater, escrever. E ainda sugestões de outras leituras, de filmes e até de sites na internet.

Nosso maior desejo é que você leia e goste de ler. Que discuta as ideias do livro com amigos, colegas, professores. Que você aproveite e conte esta história para alguém. Ou que simplesmente experimente o puro prazer de ler.

Que este livro seja seu companheiro no ônibus ou no metrô, indo para a escola ou o trabalho, em algum momento de descanso na sombra de uma árvore, em casa ou no banco da praça. E que ajude a construir na sua imaginação outras histórias.

Boa leitura. E que esta viagem seja só o começo de outras!

ÍNDICE

Sobre *Hamlet* / 5
Personagens do livro / 6
Locais da história / 7
Hamlet / 9

1. O fantasma / 9
2. Uma família real / 13
3. Laertes se despede / 16
4. A volta do fantasma / 17
5. Uma herança pesada / 18
6. Polônio zela pelos filhos / 22
7. É loucura, mas faz sentido / 23
8. Ser ou não ser? / 28
9. Palco, espelho da vida / 30
10. A traição / 31
11. A morte de um rato / 32
12. Providências urgentes / 34
13. Onde está a grandeza / 36
14. Dois irmãos fora de si / 37
15. Sobre as águas / 40
16. Água demais / 41
17. Pulando na cova / 44
18. Jogo sujo / 47
19. E o resto é silêncio / 52

Depois da leitura / 60
Para pensar / 60
Para saber mais / 62

Uma das mais famosas tragédias de todos os tempos, *Hamlet* conta a história do príncipe herdeiro da Dinamarca. Ele estudava fora de seu país, mas voltou para casa para o funeral do pai, que também se chamava Hamlet, e para o casamento da mãe, Gertrudes, com o tio, Cláudio, irmão do pai de Hamlet. O fantasma do pai aparece ao rapaz, afirmando que foi assassinado por Cláudio, e exige vingança. Hamlet finge estar louco e procura descobrir se é verdade o que o fantasma disse. Ele conta com a ajuda do melhor amigo, Horácio. Hamlet ama Ofélia, a filha do Conselheiro Real, Polônio, um dedicado assessor de Cláudio. O irmão dela, Laertes, um grande espadachim, diz para Ofélia tomar cuidado com Hamlet. Como ela não era de família real, o príncipe não ia poder casar com ela. Polônio proíbe Ofélia de falar com Hamlet. Quando o príncipe começa a agir como louco, Polônio pensa que é por causa de Ofélia, mas Cláudio percebe que a verdadeira razão é o casamento da mãe e a coroação do tio como rei. Hamlet, para desmascarar o tio, pede que um grupo de atores modifique o texto de uma peça de teatro, e Cláudio e Gertrudes assistem à encenação do assassinato que eles mesmos tinham tramado. O rei Cláudio interrompe o espetáculo, e Hamlet conclui que o rei era realmente culpado. Então, Hamlet vai executar a vingança, mas mata Polônio por acidente, pensando que o velho era o rei. Depois de fugir de uma armadilha preparada por Cláudio, Hamlet volta à Dinamarca e fica sabendo que Ofélia enlouqueceu e se matou. Laertes se alia a Cláudio numa trama para matar Hamlet envenenado durante uma luta de esgrima, mas o plano dá errado: a rainha bebe o veneno por engano, e Hamlet, depois de ser ferido pela espada envenenada de Laertes, troca de arma com o adversário por acidente e fere o irmão de Ofélia. A rainha morre. Laertes se arrepende, revela a trama toda e morre. Hamlet fere o rei com a espada envenenada e obriga ele a beber um gole do veneno que matou a mãe. Cláudio morre.

Num final terrível, de tantas desgraças, Hamlet, logo antes de morrer, diz a Horácio que o próximo rei deve ser Fortimbrás e pede ao amigo que conte a história a todos. Horácio pede a Fortimbrás que mostre os corpos ao povo e deixe ele contar o que aconteceu. Fortimbrás manda Hamlet receber honras de herói militar e diz que ele poderia ter sido um grande rei, se tivesse reinado.

WILLIAM SHAKESPEARE – Maior poeta e dramaturgo inglês, William Shakespeare nasceu numa pequena cidade chamada Stratford, em abril de 1564 (especula-se a data, que talvez seja o dia 23). Seus pais tinham certa posição social, e William pôde estudar e ter uma trajetória social entre a aristocracia. Ele foi ator e escreveu para o teatro, além de ter composto poemas que são também muito famosos. Foi também empresário de teatro muito bem-sucedido, produzindo as peças que escrevia e nas quais atuou, tornando famoso o teatro O globo, em Londres. Escreveu tragédias, dramas e comédias, entre as quais se encontram algumas obras-primas da literatura universal, como *O rei Lear*, *Hamlet*, *Macbeth*, *Otelo*, *Sonho de uma noite de verão*, entre outras. Faleceu já bastante famoso e bem-sucedido economicamente, no dia 23 de abril de 1616, dia em que também faleceu Miguel de Cervantes, o autor do *Dom Quixote*.

PERSONAGENS DO LIVRO

O HERÓI
Hamlet – Príncipe da Dinamarca, seria o rei se sua mãe não tivesse casado com o cunhado, Cláudio, logo depois de ficar viúva. Ele se torna um sujeito atormentado, cheio de dúvidas sobre vingar seu falecido pai ou não.

A FAMÍLIA REAL
Cláudio – Rei da Dinamarca, casado com Gertrudes, a viúva de seu irmão, desconfia de Hamlet o tempo todo.
Gertrudes – Rainha da Dinamarca, adora o filho Hamlet, mas decepcionou ele porque se casou com o irmão do marido pouco depois de enviuvar.
Fantasma – Espírito do falecido rei Hamlet, pai do herói, que quer ser vingado pelo filho para poder descansar em paz.

A FAMÍLIA DE OFÉLIA
Ofélia – Namorada de Hamlet, não pode se casar com ele porque não é de família real, e por isso seu pai e seu irmão não aprovam o namoro.
Polônio – Fidalgo da corte real da Dinamarca, é membro do Conselho Real e servidor do Rei Cláudio. É pai de Ofélia e de Laertes. É um sujeito intriguento, com grande habilidade para agir nos bastidores da política.
Laertes – Irmão de Ofélia, é um grande espadachim.

AMIGOS DE HAMLET
Horácio – Melhor amigo de Hamlet, estuda com o príncipe na universidade. Apesar de ser soldado, é um intelectual, do tipo que "só acredita vendo".
Bernardo e **Marcelo** – Soldados da Guarda do Castelo de Elsinor, serviram nas guerras do rei Hamlet com Horácio e o príncipe Hamlet.
Fortimbrás – Sobrinho do rei da Noruega e pretendente ao trono da Dinamarca. O pai dele tinha disputado um duelo com o pai de Hamlet, e perdeu. Pela regra do duelo, a Noruega passou a pertencer à Dinamarca. É audacioso, nobre e leal.

OUTROS
Cornélio e **Voltimando** – Cavaleiros da corte do rei Cláudio.
Reinaldo – Um servidor do palácio.
Guildenstern e **Rosencrantz** – Amigos de Hamlet desde a infância, mas afastados deles nos últimos tempos. A pedido do rei, os dois espionam o príncipe.
Osric – Jovem fidalgo que depois da morte de Polônio assume as funções dele.
Soldados noruegueses
Marinheiros
Piratas
Coveiros

CASTELO DE ELSINOR – Residência da família real da Dinamarca, país de clima frio do norte da Europa. No castelo (em várias partes dele, salas, quartos etc.) é que acontecem quase todas as cenas importantes da história. Na Idade Média, a Dinamarca era um país bastante temido, pois seu povo, que tinha fama de brigão e exagerado no comer e no beber, invadiu a Inglaterra e venceu muitas guerras contra seus vizinhos. Na época em que acontece a história de Hamlet, a Dinamarca estava num momento de grandes mudanças: ao mesmo tempo que cultivava velhos hábitos guerreiros, mandava seus jovens nobres estudarem nas universidades dos países mais modernizados, como a Alemanha e a França. Também acontecem cenas nos arredores do castelo (como é o caso do cemitério), no porto e no navio que leva Hamlet para a Inglaterra.

HAMLET, PRÍNCIPE DA DINAMARCA

1. O FANTASMA

No terraço do castelo de Elsinor, residência do rei da Dinamarca, Bernardo acabava de assumir o posto de sentinela. A noite estava gelada, e logo chegaram Marcelo e Horácio, dois outros soldados, amigos dele. Os três soldados e o príncipe Hamlet tinham lutado juntos em guerras ao lado do antigo rei, pai do príncipe. Mas ultimamente eles andavam separados, porque Horácio estava estudando na **Universidade de Wittenberg**, na Alemanha, acompanhando Hamlet. Marcelo perguntou para Bernardo:

— Aquela coisa apareceu de novo?

— Eu não vi nada... — respondeu o amigo.

> Martinho Lutero dava aulas nessa universidade. Ele foi um dos mais importantes líderes da Reforma, que resultou nas religiões cristãs que são chamadas hoje de protestantes ou evangélicas.

— O Horácio não quer acreditar na gente — continuou Marcelo. — Ele diz que aquela coisa apavorante que a gente já viu duas vezes só existe na nossa imaginação. Por isso eu fiz ele ficar de sentinela conosco esta noite. Se aparecer de novo, ele não vai mais duvidar da gente e vai falar com o fantasma...

Horácio continuava sem acreditar:

— Ora, é claro que não vai aparecer nada.

Mal os três amigos sentaram para esperar, Marcelo deu o alarme:

— Olhem, ele vem vindo!

— É igualzinho ao falecido rei! — exclamou Bernardo. — Não é, Horácio?

O castelo de Elsinor.

– É sim, Bernardo. Eu estou paralisado de espanto e de medo.
– Você, que é intelectual, fale com ele, Horácio! – disse Marcelo.
Horácio enfrentou o fantasma, perguntando:
– Quem é você, que aparece usando a armadura do falecido rei?
Mas o fantasma foi embora sem responder nada.

Bernardo viu que Horácio estava branco, tremendo, e então perguntou:

– E agora, Horácio, ainda duvida?

– Se eu não tivesse visto com os meus próprios olhos, juro por Deus que não ia acreditar, mas o fantasma é igual ao rei. A armadura dele é igual àquela que o nosso velho rei usava quando a gente lutou contra o rei da Noruega e contra os poloneses. Até o jeito de franzir as sobrancelhas é o do falecido rei. Não sei o que pensar... Só sei que isso é sinal que alguma coisa muito estranha vai acontecer no nosso país.

Os três amigos sentaram no chão, e Marcelo perguntou se alguém sabia por que os dinamarqueses estavam construindo tantos navios e canhões, comprando tantas armas no estrangeiro e passando o tempo todo de sentinela.

Horácio respondeu:

O rei Hamlet disputa um duelo com o rei Fortimbrás.

– Eu sei: esse fantasma que nos apareceu agora é o pai do nosso amigo, o príncipe Hamlet. Vocês se lembram que o nosso falecido rei e o rei da Noruega, Fortimbrás, disputaram um duelo? Antes eles assinaram um contrato dizendo que quem vencesse ficava com o reino do outro, e o rei Hamlet ganhou. Pois agora o filho do rei da Noruega, que também se chama Fortimbrás, está reunindo um exército para tentar recuperar com uma guerra o reino que o pai perdeu numa luta que foi justa, ora!

– Isso explica, então, por que o fantasma do rei Hamlet apareceu – concluiu Bernardo.

Mas Horácio não estava satisfeito e comentou com os amigos que estavam aparecendo na Dinamarca os mesmos sinais sobrenaturais que tinham aparecido na Roma Antiga pouco antes da morte de Júlio César, e um desses sinais era que os mortos saíam dos túmulos e andavam entre os vivos.

Ele ainda estava falando sobre isso quando o fantasma voltou. Horácio se levantou num pulo e chamou o fantasma, que passou reto por ele. Os três amigos pegaram espadas e lanças e tentaram parar o fantasma à força, mas as armas foram inúteis.

O fantasma parou e pareceu que ia falar, quando um galo cantou. O fantasma tremeu e desapareceu da vista dos soldados.

– Ele fugiu quando ouviu o galo cantar. Isso prova que o canto do galo é o sinal para os espíritos errantes voltarem para o lugar de onde vieram – disse Horácio. – Mas está amanhecendo, e o nosso horário de sentinela terminou. Vamos contar para o príncipe Hamlet o que aconteceu esta noite. Com ele o espírito vai falar, eu tenho certeza.

– Vamos logo – respondeu Marcelo. – Eu sei onde encontrar o príncipe a esta hora da manhã!

2. UMA FAMÍLIA REAL

Na sala de cerimônias do castelo, estavam reunidos o rei Cláudio, a rainha Gertrudes, o príncipe Hamlet e os principais **nobres** do reino da Dinamarca. O rei disse:

Os *nobres* eram donos de grandes propriedades e viviam próximos do poder, em países governados por algum rei.

– Em nossos corações, ainda estamos de luto pelo meu falecido irmão, nosso querido rei Hamlet. Mas nós precisamos pensar no interesse de todo o reino. Eu ouvi os conselhos que vocês me deram e me casei com minha antiga cunhada, a rainha deste país guerreiro. Ao mesmo tempo alegres e tristes, nós agradecemos a todos, mas eu chamei vocês para tratar de um assunto urgente. O jovem príncipe da Noruega, Fortimbrás, deve estar pensando que a morte de nosso amado irmão deixou a Dinamarca confusa ou desunida. Ele não para de nos provocar e está exigindo a devolução das terras que o pai dele perdeu no duelo com o nosso falecido rei.

Todos ali já sabiam aquilo tudo que ele vinha falando até ali e estavam ansiosos para ouvir as providências que o novo rei ia tomar. Cláudio continuou:

– Já escrevi para o atual rei da Noruega, que é tio de Fortimbrás. Ele está velho, doente e acamado, e por isso não sabe dos preparativos para a guerra que o sobrinho está fazendo. Na carta, eu exijo que o rei não deixe Fortimbrás nos atacar. Para levar a carta, eu escolhi dois dos mais experientes e leais cavaleiros desta **corte**, Cornélio e Voltimando...

> Corte é o conjunto de nobres que têm acesso ao palácio de um reino.

Os dois nobres se adiantaram, e o rei continuou:

– Levem até o velho rei norueguês as nossas saudações e negociem com ele. Não tratem de nenhum outro assunto: nós só queremos que ele garanta que não vamos ter guerra.

Cornélio e Voltimando saíram, e o rei chamou Laertes, filho de Polônio, o conselheiro real. O jovem queria autorização do rei para voltar para a França, onde estudava na Universidade de Paris. O rei deu a permissão, mas só depois de consultar Polônio, que disse que concordava, apesar de estar preocupado com o filho.

Então o rei falou com Hamlet, seu sobrinho e filho do rei falecido:

– E agora, caro Hamlet, meu sobrinho e meu filho...

Hamlet não gostou de ser chamado de filho por Cláudio, mas não disse nada.

– Por que você está com essa cara tão fechada? – perguntou o rei.

Como Hamlet continuava chateado, a rainha Gertrudes, mãe dele, insistiu:

– Querido filho, deixe dessa tristeza toda e veja o novo rei da Dinamarca como amigo. Tudo que vive um dia morre. Por que a morte do seu pai parece tão arrasadora para você?

– Não parece, senhora, é! Comigo não tem "parecer". Minhas roupas de luto, meu rosto fechado, minhas lágrimas, tudo isso pode "parecer", porque qualquer um pode fingir isso, mas o que eu tenho dentro de mim ninguém pode imitar.

Diante de todos, Cláudio pediu que Hamlet visse nele um pai.

– Que o universo inteiro fique sabendo, Hamlet: você é o herdeiro do meu trono, e eu amo você como um filho muito querido. E eu não gostaria que você voltasse para a Universidade de Wittenberg. Fique aqui na corte conosco.

– Fique, meu filho, por favor – implorou Gertrudes.

– Vou fazer o possível para obedecer – respondeu o príncipe.

O rei então disse para a rainha que ele estava tão satisfeito com a decisão de Hamlet que naquele dia todos os brindes seriam acompanhados por tiros de canhão, para que todo o mundo soubesse como eles estavam felizes.

Os **arautos** tocaram as trombetas, e todos saíram, deixando Hamlet sozinho. O príncipe não conseguia aceitar o casamento da mãe com o tio, menos de dois meses depois da morte do pai. "Que nojo!", pensou. "Meu pai era tão carinhoso com ela, e ela parecia viver para ele. Mas foi só ele morrer, e ela correu para casar com o irmão dele, que não tinha nenhuma das qualidades do meu pai!" O príncipe estava tão triste que chegou a pensar em suicídio. Então, ele balançou a cabeça, desolado, e exclamou em voz alta:

> Os *arautos* eram músicos que tocavam trombetas (longas cornetas) que anunciavam acontecimentos importantes no palácio, como a chegada de visitas e de cartas.

– Como as mulheres são frágeis! – E depois, baixando a voz, suspirou: – Isso não vai acabar bem.

Nesse momento, entraram Horácio, Bernardo e Marcelo. Hamlet ficou feliz por ver os amigos, especialmente Horácio, mas o rosto do príncipe voltou a ficar perturbado quando os amigos contaram sobre a aparição do fantasma.

– Vocês não falaram com ele?

– Eu falei, meu príncipe – disse Horácio –, mas na hora ele não me respondeu. Chegou a levantar a cabeça, como se fosse dizer alguma coisa, mas o galo cantou, e o fantasma desapareceu aos poucos.

Hamlet encheu os três de perguntas e decidiu que naquela mesma noite ia ficar de guarda junto com eles.

– Se meu pai aparecer, vou falar com ele, nem que seja no inferno. E vocês, provem que são meus amigos e não contem nada disso para ninguém!

Os três juraram obediência e combinaram que todos iam estar na muralha do castelo um pouco antes da meia-noite. Quando ficou sozinho novamente, Hamlet pensou: "O espírito do meu pai, e armado para guerra! Aí tem coisa... Por que é que a noite não chega logo?".

3. LAERTES SE DESPEDE

Autorizado pelo rei, Laertes se preparava para viajar rumo a Paris. Despachou toda a bagagem no navio e foi se despedir do pai, Polônio. Depois, procurou Ofélia, a irmã, e pediu que tomasse muito cuidado com Hamlet. Apesar da insistência do príncipe em namorar a moça, ele era o príncipe, e príncipes não se casam só por amor, mesmo quando o amor é sincero:

– Ele vai casar com quem for do interesse do reino da Dinamarca. Se ele tomar muitas liberdades, você pode perder a honra; e, mesmo que você se preserve, pode ficar mal falada. Tome cuidado, Ofélia. Nesse caso, o medo é a melhor defesa.

– Vou lembrar desses conselhos, Laertes. E você também tome cuidado em Paris. Não faça como essa gente falsa que exige sacrifícios dos outros e depois se comporta como sem-vergonha!

Laertes estava dizendo para a irmã que ela não precisava se preocupar com ele, quando Polônio chegou, apressado:

– Meu filho, você ainda está aqui! O navio está esperando.

O velho cavaleiro pôs a mão sobre a cabeça de Laertes e, depois de dar a bênção, continuou:

– Leve os meus conselhos. Não fale o que você pensa. Nem deve agir antes de pensar muito bem. Trate todos bem e não caia na baixaria. Mantenha perto de você os amigos de verdade, e não abrace qualquer um que diga ser seu amigo. Tente ficar fora de brigas, mas, se entrar em alguma, meta medo nos outros. Ouça a opinião de todos, mas decida por você mesmo. Use as melhores roupas que você tiver dinheiro para comprar, mas não exagere: a roupa diz quem é o homem, especialmente na França, onde as pessoas importantes se vestem com elegância. Não empreste, para não perder o amigo e o dinheiro, nem peça emprestado, para não perder o controle dos gastos. E acima de tudo seja verdadeiro com você mesmo, e assim você nunca será falso com ninguém. Adeus, e que a minha bênção faça esses conselhos darem bons frutos na sua vida.

– Adeus, meu pai! Adeus, Ofélia, e não esqueça o que eu disse!

Depois que Laertes saiu, Polônio quis saber do que Laertes estava falando. Ofélia não gostou muito de falar de novo sobre aquele assunto.

– Se o senhor quer mesmo saber, meu pai, era sobre o príncipe Hamlet.

Polônio olhou preocupado para a filha:

– Andaram me dizendo que o jovem Hamlet tem passado muito tempo com você, e que você tem dado muita atenção para o príncipe. Se isso é verdade, você não está entendendo direito como deve se comportar uma filha minha. Me diga a verdade: o que é que existe entre vocês dois?

A jovem ficou vermelha e respondeu com os olhos baixos:

– Senhor meu pai, ultimamente ele tem mostrado muito carinho por mim. Ele jura que me ama, e me trata com toda a decência.

Polônio disse para a filha que ela estava sendo ingênua, e que o príncipe só queria se aproveitar dela.

– Não acredite em nada que ele diz, Ofélia. Evite ficar perto dele. Você está proibida, entendeu, proibida de conversar com ele.

– Sim, meu pai – disse a moça, confusa e decepcionada.

4. A VOLTA DO FANTASMA

Chegou a meia-noite. Hamlet, Horácio e Marcelo estavam esperando a aparição do fantasma na muralha do castelo de Elsinor. A noite gelada era sacudida, volta e meia, por disparos de canhões. Hamlet comentou com os amigos que o rei Cláudio estava promovendo uma grande festa, uma verdadeira orgia, com muita bebedeira, danças e cantos de farra. O príncipe detestava os costumes bárbaros do povo da Dinamarca:

– As outras nações do mundo nos chamam de bêbados. Essa má-fama diminui todos os nossos feitos, por mais grandiosos que eles sejam. É o que acontece com aqueles que, por terem nascido assim ou por terem adquirido algum vício, não se comportam direito. Essas pessoas ficam marcadas, e tudo que elas têm de bom acaba sendo desprezado.

Nisso, Horácio avisou que o fantasma tinha chegado. Hamlet se adiantou e disse:

– Que os anjos de Deus nos defendam! Espírito, não importa se você vem do céu ou do inferno, se tem boas ou más intenções. Eu vou falar com você, Hamlet, rei, pai, soberano dinamarquês. Me responda! Por que os seus ossos rasgaram a mortalha e a sepultura se abriu para que o seu cadáver viesse nos visitar vestindo a armadura completa? O que é que você quer de nós?

O fantasma acenou para Hamlet, como se quisesse ficar sozinho com ele. Horácio e Marcelo não queriam deixar o amigo seguir o fantasma sozinho, com medo que o espírito arrastasse Hamlet para o precipício ou para algum destino ainda pior. Chegaram a segurar o príncipe.

– Me larguem! – disse Hamlet. – Vou transformar em fantasma quem tentar me impedir outra vez!

Hamlet se livrou das mãos dos amigos, mandou eles se afastarem e seguiu o fantasma. Os amigos ficaram em dúvida apenas um instante. Marcelo disse:

– Vamos atrás dele. Não podemos obedecer o príncipe nesta hora.

– Eu vou com você – disse Horácio. – O que será que isso tudo quer dizer?

– Não sei. Tem algo de podre no reino da Dinamarca. Vamos!

5. UMA HERANÇA PESADA

Num canto das muralhas, o fantasma confirmou que era mesmo o pai de Hamlet, e logo disse que estava quase na hora de voltar para o lugar terrível onde estava condenado a ficar até que fossem resolvidos os crimes que tinham sido cometidos enquanto ele estava vivo.

– Você vai me vingar, Hamlet!
– O quê?
– Sim – continuou o fantasma. – Eu fui assassinado.

O fantasma do pai de Hamlet quer vingança.

– Diga quem foi, pois eu vou matar esse desgraçado agora mesmo – exclamou o príncipe Hamlet.
– Vejo que você está decidido. Escute: disseram que eu fui picado por uma cobra enquanto eu estava dormindo no jardim do castelo. Essa mentira está enganando toda a Dinamarca, meu filho: a serpente que me picou agora usa a nossa coroa.

O príncipe não ficou surpreso:
– Eu sabia... foi o meu tio! Foi Cláudio!
– Sim – disse o fantasma –, ele seduziu minha rainha e derramou um veneno poderoso dentro da minha orelha enquanto eu dormia. Pela mão do meu irmão, eu perdi de uma só vez minha vida, minha coroa e minha rainha. Como eu morri sem receber a extrema-unção, fui para o juízo final com o peso de todos os meus pecados.

– Que horror!
– Meu filho, não deixe que a luxúria e o **incesto** continuem manchando a cama dos reis da Dinamarca. Só não faça nada contra Gertrudes, a sua mãe. Deixe que o céu e os espinhos que ela mesma cravou no peito se encarreguem do castigo dela.

> Incesto é uma relação sexual entre parentes muito próximos, proibida pela moral, pela religião ou pela lei.

Está começando a clarear, e eu preciso ir. Adeus! Lembre de mim!

O fantasma desapareceu no ar, e Hamlet ficou sozinho. "Preciso manter a calma", pensou, enquanto se levantava e voltava para perto dos amigos. "É claro que eu vou lembrar de você, pobre fantasma! Vou apagar tudo o que tenho na memória, todas as lembranças, todos os livros que eu li, as imagens de tudo que eu vi, e guardar só a lembrança de vingar meu pai, eu juro!"

Logo Hamlet encontrou Horácio e Marcelo, que queriam saber o que tinha acontecido. Hamlet estava nervoso e respondeu, mas sem explicar direito o que o fantasma tinha dito, o que acabou deixando os amigos confusos. É que Hamlet tinha medo que os amigos contassem para os outros o que tinha acontecido ali, naquela noite. Mas ele finalmente se acalmou. Pegou a espada e segurou a arma pela lâmina, fazendo ela parecer uma cruz, e mandou os dois jurarem que não iam contar para ninguém o que tinha acontecido, nem

Hamlet jura honrar a memória do pai.

mesmo indiretamente, nem mesmo fazendo cara de quem sabia do assunto, caso ouvissem algum comentário.

De dentro da terra, a voz do fantasma ordenava que eles jurassem, mas só Hamlet podia ouvir. Horácio e Marcelo puseram a mão direita sobre a cruz da espada e juraram segredo. Horácio ainda perguntou de novo o que era mesmo que tinha acontecido, mas Hamlet não quis explicar. Apenas disse uma frase estranha:

– Horácio, tem muita coisa estranha no céu e na terra. Muito mais do que imagina a tua filosofia!

Depois os três saíram dali. Enquanto entravam no castelo juntos, Hamlet lamentou:

– Maldito destino, que me fez nascer para consertar esses tempos confusos!

6. POLÔNIO ZELA PELOS FILHOS

Alguns dias depois, o velho Polônio mandou um empregado de confiança levar algumas cartas e uma quantia em dinheiro para Laertes em Paris. Do mesmo modo como já tinha feito com o próprio filho, o velho encheu o criado de recomendações, mesmo que o leal Reinaldo soubesse muito bem o que tinha que fazer.

– Aproveite para se informar sobre o comportamento do meu filho. Procure conversar com os dinamarqueses que moram em Paris, faça de conta que conhece Laertes só de vista, insinue que ouviu falar um pouco mal dele (mas nada que possa provocar escândalo, só "coisas de jovem"), e faça eles falarem o que sabem dele. Descubra especialmente se ele está metido com mulheres, se joga, se participa de duelos e arruaças.

Reinaldo quis saber porque ele devia falar mal de Laertes, e Polônio explicou:

– Ora, se o conhecido de Laertes souber que ele fez alguma coisa dessas mesmo, ele vai dizer: "Realmente, eu ouvi dizer que...". Por outro lado, se Laertes não tiver aprontado nada, o conhecido vai dizer: "Não pode ser o rapaz que eu conheço!". É assim que as pessoas sábias e espertas como a gente fazem: com umas mentirinhas a gente descobre a verdade, e com indiretas a gente acha a direção certa. Faça como eu disse, mas observe tudo pessoalmente, não confie apenas no que dizem os outros.

Reinaldo prometeu agir como Polônio tinha mandado e saiu. Mal ele tinha saído, Ofélia entrou, assustada. Contou que estava costurando no quarto quando o príncipe Hamlet entrou, sem chapéu, despenteado, com as roupas sujas e desarrumadas e com cara de quem tinha recém-saído do inferno. Parecia um louco.

– Louco de amor por você?

– Não sei, papai, mas acho que sim. Ele me pegou pelo pulso com muita força, depois me afastou dele e ficou olhando para o meu rosto como se quisesse gravar a minha imagem na memória. Depois, ele sacudiu o meu braço, balançou três vezes a cabeça, soltou um suspiro que parecia de quem ia morrer e saiu, andando com a cabeça virada para trás, sempre olhando para mim.

Polônio ficou certo de que era um delírio de amor, ainda mais porque a filha disse que estava fazendo tudo como o pai tinha mandado, evitando a companhia de Hamlet e recusando cartas e bilhetes. Antes Polônio achava que Hamlet estava tentando passar Ofélia na conversa, mas agora começou a ficar com medo de que o rei e a rainha pudessem pôr as culpas na família dele pela loucura do príncipe.

– Ofélia, vamos procurar o rei. É melhor a gente mesmo falar com ele sobre essa situação antes que alguém faça intrigas.

7. É LOUCURA, MAS FAZ SENTIDO

Num dos salões do castelo, o rei e a rainha recebiam dois amigos de infância de Hamlet, **Guildenstern e Rosencrantz**. Cláudio e Gertrudes explicaram para os dois que Hamlet estava muito estranho e que eles só podiam achar que o motivo era a perda recente do pai. Como Guildenstern e Rosencrantz tinham crescido com o príncipe e sempre

> Em termos literais, *Guildenstern* significa "estrela dourada" e *Rosencrantz* "coroa de rosas" ou "rosário". Shakespeare pode ter querido avisar o público de que eram dois jovens nobres muito vaidosos e arrogantes.

tinham sido grandes amigos dele, o rei e a rainha pediram que os dois passassem um tempo na corte e ajudassem a descobrir o que estava acontecendo. A rainha Gertrudes inclusive chegou a prometer que a ajuda deles ia ser muito bem recompensada. Os dois jovens aceitaram prontamente, e a rainha pediu que algum dos nobres ali presentes levasse os dois até onde Hamlet estava.

Pouco depois, entrou Polônio, avisando que Cornélio e Voltimando, os **embaixadores** que tinham ido para a Noruega, estavam de volta e tinham sido bem-sucedidos: tinham voltado com a promessa do rei da Noruega de que o príncipe Fortimbrás não atacaria a Dinamarca. Além

> *Embaixador* é o encarregado oficial de transmitir as intenções e as propostas de um governo a outro.

disso, Polônio garantiu para os reis que já sabia a causa da loucura de Hamlet. O rei queria logo saber o que era, mas Polônio fez suspense, pedindo que primeiro fossem atendidos os embaixadores.

Polônio foi buscar os embaixadores, e a rainha comentou com o rei:

– A causa só pode ser uma: a morte do pai dele e o nosso casamento apressado.

Pouco depois, Cornélio e Voltimando contaram para o rei que tudo tinha saído conforme os planos. O velho rei da Noruega tinha chamado o jovem Fortimbrás imediatamente e proibido qualquer ataque contra a Dinamarca. Para consolar o sobrinho, o velho rei tinha garantido uma rica pensão anual para o jovem, e permitiu que Fortimbrás usasse os soldados que ele já tinha recrutado para fazer guerra contra a Polônia. Como a Dinamarca ficava no caminho para a Polônia, os noruegueses já tinham pedido autorização para o exército cruzar amistosamente o território dinamarquês, oferecendo muitas garantias e condições num documento que os embaixadores agora entregavam para o rei. Cláudio disse que depois ia examinar os documentos com atenção e dispensou os dois embaixadores.

Polônio então contou para o rei Cláudio e a rainha Gertrudes que Hamlet estava apaixonado pela filha dele, Ofélia, e que o príncipe tinha enlouquecido porque a moça estava recusando as atenções do rapaz. Para provar, Polônio mostrou uma carta de amor que Hamlet tinha escrito para Ofélia, cheia de palavras bonitas. O rei ficou em dúvida, mas a rainha achou bem possível que fosse essa a razão do comportamento meio louco do príncipe. Para convencer o rei, o velho Polônio perguntou se alguma vez o rei tinha se enganado em algum aconselhamento que Polônio tinha feito para a família real. Cláudio reconheceu que Polônio sempre acertava. Polônio disse então que eles podiam cortar a cabeça dele se ele estivesse mesmo errado e não descobrisse a verdade em seguida.

– Majestade – propôs Polônio –, vamos deixar a minha filha num dos corredores do castelo por onde o príncipe costuma passear. A gente pode ficar escondido atrás das tapeçarias que decoram as paredes e assim a gente escuta tudo. Se Hamlet não ama Ofélia, e não é por causa dela que ele está se comportando como louco, vocês podem me demitir do Conselho Real, que eu vou cuidar de animais numa fazenda qualquer.

Vendo que Hamlet estava chegando, com um livro nas mãos, Polônio pediu para ficar a sós com ele. O rei e a rainha então saíram, levando com eles todos os nobres e criados. Hamlet fingiu que não conhecia Polônio, dizendo que ele era um vendedor de carne e falando de várias coisas sem sentido, mas dando um jeito de falar em Ofélia. Para mudar de tática, o velho perguntou o que o príncipe estava lendo.

– Palavras, palavras, palavras... – respondeu Hamlet. – O autor diz besteiras, diz que os velhos têm a barba grisalha, a pele enrugada, são remelentos e desmiolados e que ainda por cima têm a bunda mole! Sei que é tudo verdade, mas acho que não deviam publicar. Você mesmo ia ficar velho como eu, se o tempo pudesse andar para trás, como um caranguejo.

"É loucura, mas faz sentido!", pensou Polônio. Lembrou de ir buscar a filha e falou para Hamlet:

– Com licença, não vou mais roubar o seu tempo.

– Você não pode roubar nada que me faça menos falta do que o tempo. A não ser a vida.

Pelas costas de Polônio, Hamlet falou, como se fosse para si mesmo:

– Esses velhos burros e chatos!

Mas o príncipe não ficou sozinho, pois logo chegaram Rosencrantz e Guildenstern. Hamlet logo percebeu que eles não estavam ali por acaso. Pressionou os dois, que reconheceram que tinham sido chamados pelo rei e pela rainha para descobrir por que Hamlet estava tão mudado. Hamlet mandou que os dois dissessem que ele não queria saber mais dos seres humanos.

– Nem dos atores que chegaram para se apresentar no castelo? – perguntou Rosencrantz, que sabia da paixão de Hamlet pelo teatro. – São aqueles mesmos que você gostava tanto em Wittenberg.

Hamlet então se despediu. Apertou as mãos e disse que Rosencrantz e Guildenstern podiam ficar à vontade no castelo de Elsinor. E comentou:

– O meu tio-pai e a minha tia-mãe estão enganados.
– Em quê, meu senhor?
– Sou louco só quando sopra o vento noroeste. Quando o vento é sul, consigo saber a diferença entre um gavião e um falcão.

Nessa hora, apareceu Polônio com a notícia da chegada dos atores. Eram os melhores artistas do mundo, ele disse.

Quando Rosencrantz, Guildenstern, Polônio e Hamlet encontraram os atores, o príncipe pediu que os artistas dessem uma mostra do trabalho do grupo, recitando um trecho de uma peça. Ele mesmo começou, porque conhecia a peça. O trecho contava como, no fim da **Guerra de Troia**, o grego Pirro perseguia o velho e sábio rei Príamo. Pirro estava coberto com o sangue dos jovens, velhos, mulheres e crianças que ele já tinha assassinado. O **Primeiro Ator** continuou daquele ponto, até que o bruto grego finalmente massacrou o pobre rei derrotado. Polônio reclamou que o trecho era comprido demais, mas Hamlet disse que a opinião de Polônio não interessava, porque o velho só gostava de comédia e de peças que falavam de sexo. Ordenou que o artista continuasse, e então o Primeiro Ator contou o horrível sofrimento da rainha Hécuba, esposa de Príamo,

> A Guerra de Troia é uma das mais famosas guerras da Antiguidade: os gregos se reuniram para combater os troianos porque a esposa de um deles, a bela Helena, tinha sido raptada por Páris, príncipe de Troia. Essa guerra é contada na Ilíada.

> No tempo de Shakespeare, as companhias de teatro eram dirigidas pelo ator mais famoso, que sempre fazia os papéis principais, e por isso era chamado de Primeiro Ator.

que chegou no exato momento em que o marido era estraçalhado pelo inimigo cruel.

Polônio estava espantado, sem entender por que Hamlet tinha ficado pálido e com os olhos cheios de lágrimas. Preocupado, Polônio mandou o ator parar de declamar e disse que ia instalar os atores no castelo para que eles recebessem o tratamento que mereciam.

– Não, senhor – protestou Hamlet. – Se tratarmos as pessoas como elas merecem, todo mundo acaba chicoteado. Trate esse pessoal como você mesmo acha que merece. O que eles dizem é a verdade da vida humana.

Polônio saiu com os atores, mas Hamlet segurou o Primeiro Ator e pediu que o grupo encenasse a peça *O assassinato de Gonzaga*. Mas queria que o Primeiro Ator acrescentasse uma pequena fala, de pouco mais que uma dúzia de versos, que o próprio príncipe ia escrever dali a pouco. Pediu ainda que não zoassem com o velho conselheiro real. Assim que o ator saiu, Hamlet se livrou de Rosencrantz e Guildenstern e pôde, finalmente sozinho, pensar no que devia fazer.

Hamlet estava se sentindo um idiota. Um ator era capaz de fingir tão bem uma paixão que não sentia, e Hamlet, tendo um sentimento real, querendo vingar o pai assassinado, não conseguia fazer mais do que falar mal do suposto criminoso. Mas tinha ouvido falar que certa vez alguns bandidos, assistindo numa peça a encenação de crimes iguais aos que eles tinham cometido, ficaram tão chocados que confessaram tudo espontaneamente. Então, era assim o plano: ia fazer os atores representarem a cena que o fantasma de seu pai tinha descrito, com o envenenamento e tudo. Se o tio fosse mesmo o assassino, ia deixar escapar uma frase, uma careta, um olhar, quer dizer, ia se entregar.

– O demônio é esperto e pode estar querendo me enganar. Preciso de provas mais concretas do que uma visão de fantasma! – disse Hamlet.

8. SER OU NÃO SER?

Rosencrantz e Guildenstern contaram para o rei e a rainha que ainda não tinham conseguido arrancar nenhuma informação de Hamlet:

– A loucura do príncipe é muito esperta. Ele sempre consegue desconversar quando tentamos saber por que ele está tão perturbado.

A boa notícia era que eles tinham encontrado no caminho um grupo de atores, que iam se apresentar no castelo naquela mesma noite a pedido de Hamlet, que tinha ficado feliz com a chegada dos artistas.

– É verdade – disse Polônio, que também estava na sala, acompanhado de Ofélia. – O príncipe pediu que eu transmitisse ao rei e à rainha o convite para assistirem à peça.

Guildenstern e Rosencrantz saíram, para tentar de novo animar Hamlet, e o rei pediu que a rainha também saísse. Ele e Polônio iam se esconder atrás das tapeçarias para ouvir o que Hamlet ia dizer para Ofélia quando ela chegasse. Fizeram a moça fingir que estava lendo um livro de orações, para comover Hamlet.

O príncipe entrou no salão falando sozinho:

– Ser ou não ser: eis a questão... O que é melhor: aguentar as estacas e as flechas que o destino crava em nosso coração, ou enfrentar um mar de dificuldades com a espada na mão? Morrer, dormir... Dormir!... Talvez sonhar... Dizem que o sono cura os corações partidos e resolve todos os problemas. Mas quais sonhos vêm no sono da morte? Devem ser lembranças dos pecados e sofrimentos da vida, porque se fossem um alívio para as nossas dores, todo mundo ia preferir pegar uma faca e se matar de uma vez.

Percebendo que Ofélia estava ali, o príncipe foi logo falar com ela, mas com uma frase martelando a mente: "Cuidado!".

– Minha **ninfa**! Não esqueça os meus pecados nas suas orações!

> Ninfa é uma figura da mitologia grega que habitava os rios, as fontes e os bosques.

Hamlet não queria que Ofélia percebesse que ele só estava se fingindo de louco e depois fosse contar a verdade para Polônio e o rei. Ao mesmo tempo, como ele era muito apaixonado pela moça e não conseguia ficar longe dela, estava desesperado, porque Ofélia andava fugindo dele, e até tinha devolvido cartas e presentes. Assim, Hamlet foi muito agressivo com ela na conversa. Depois de dizer que não amava mais Ofélia, sugeriu que ela entrasse para um **convento**, pois nunca ia se casar. A pobre moça ficou desesperada.

> No inglês da época de Shakespeare, era comum chamar bordel de "*convento*", para disfarçar ou para ironizar. Hamlet fez um trocadilho, e o que ele dizia tinha duplo sentido e parecia coisa de louco.

Polônio e o rei saíram dali com impressões opostas sobre a conversa que tinham ouvido. O velho conselheiro estava cada vez mais convencido de que o problema de Hamlet era a paixão por Ofélia, mas Cláudio começava a desconfiar que o sobrinho não estava louco, e começou a pensar em mandar Hamlet para a Inglaterra, com a desculpa de cobrar **impostos** atrasados.

Polônio sugeriu que a rainha chamasse Hamlet para conversar sozinho com ela depois da representação da peça. Quem sabe uma conversa franca entre mãe e filho não deixava o príncipe à vontade para abrir o coração?

> A Inglaterra nessa época estava dominada pela Dinamarca, e por isso pagava *impostos* ao reino de Cláudio.

– Eu me escondo de novo atrás das tapeçarias e ouço tudo – sugeriu o velho Polônio. – Se a rainha não conseguir que o príncipe revele o que está acontecendo, então vossa majestade pode mandar Hamlet para a Inglaterra, ou prender o rapaz onde achar melhor.
– A loucura dos poderosos precisa ser vigiada! – concluiu o rei.

9. PALCO, ESPELHO DA VIDA

Hamlet conversou muito com os atores antes do início da peça, dando conselhos sobre como eles deviam interpretar os papéis na hora de apresentar a peça:
– Não exagerem nos gestos e no tom de voz. Procurem agir como os personagens na vida real: a função da representação teatral é ser um espelho da natureza.

Depois, Hamlet ficou a sós com o amigo Horácio. Eles combinaram que iam observar atentamente as reações de Cláudio para ver se o rei era mesmo o assassino do irmão:
– Se ele não demonstrar nenhuma culpa vendo a cena que o fantasma descreveu, então aquilo que a gente viu na muralha era um ser do inferno querendo nos tentar, e minha suspeita sobre o meu tio é canalha e imunda... Mas eles estão chegando para o espetáculo. Tenho que voltar a me fingir de louco.

A corte toda se acomodou no salão para ver a peça. Hamlet sentou no chão, com a cabeça no colo de Ofélia, e ficou fazendo gracinhas o tempo todo. Assim, podia se aproximar carinhosamente da mulher que amava sem deixar de parecer maluco.

Na peça, um sobrinho matava o tio para ficar com a amante, mulher do tio. Hamlet tinha exagerado o diálogo que escreveu, entre o marido traído e a esposa. A atriz-esposa jurou para o ator-rei que nunca ia amar outro homem e que uma mulher só tinha um marido novo quando matava o primeiro. Depois, o ator-assassino apareceu e derramou o veneno na orelha do marido.

Nesse momento, o rei Cláudio, furioso, não aguentou mais e ordenou que acendessem a luz e encerrassem naquele momento a encenação. Todos saíram, menos Hamlet e Horácio, que chegaram a um acordo: o assassino tinha se revelado.

Pouco depois, a rainha mandou chamar Hamlet.

10. A TRAIÇÃO

Enquanto Hamlet se dirigia para os aposentos da rainha, o rei se reuniu com Rosencrantz e Guildenstern.

– Não estou gostando do comportamento de Hamlet. A gente não pode deixar solto esse louco, na situação atual do nosso reino. Vocês dois vão com ele para a Inglaterra ainda hoje à noite. Vou escrever as cartas de recomendação agora mesmo.

– Sim, é preciso proteger o povo, que depende de vossa majestade para viver em segurança e prosperar – concordou Guildenstern.

– Se um homem comum deve se defender – completou Rosencrantz –, imagine alguém responsável por tantas e tantas vidas. Um rei nunca morre sozinho. Como um redemoinho, arrasta com ele o reino inteiro.

Cláudio dispensou os dois jovens e ficou pensando, muito preocupado. Sabia que tinha cometido um crime terrível, e se sentia amaldiçoado, mas não estava arrependido. Ajoelhado, ele tentou rezar, mas não conseguiu. Pensava que os homens talvez nunca ficassem sabendo que ele tinha matado o irmão para ficar com a cunhada, mas não tinha como esconder isso de Deus.

Por acaso, Hamlet passou por ali. Vendo o rei sozinho, de joelhos, de costas para a porta, sentiu o sangue subir e chegou a botar a mão no punho da espada. Depois do que tinha acontecido durante a peça de teatro, já não tinha dúvida da culpa do rei Cláudio, e precisava matar o tio para vingar o pai. Mas Hamlet lembrou que o fantasma do rei tinha dito que estava no inferno porque tinha sido morto sem se confessar, nem receber a extrema-unção. Se ele matasse Cláudio enquanto o tio estava rezando, a alma do assassino ia direto para o céu. Não, para a vingança ser completa, o tio precisava morrer em pecado.

11. A MORTE DE UM RATO

Polônio se escondeu atrás de uma tapeçaria do quarto de Gertrudes assim que ouviu Hamlet se aproximar. A rainha se mostrou triste com o filho:

– Hamlet, hoje você ofendeu muito o seu pai.

– Não – respondeu o príncipe –, quem vem ofendendo meu pai é a senhora, que é esposa do irmão do seu marido e, infelizmente, é minha mãe!

A rainha achou que o filho tinha enlouquecido de vez e então

A rainha estava desapontada com as atitudes de Hamlet.

se levantou. Ia chamar alguém para levar Hamlet embora. Hamlet fez a mãe sentar de novo à força e disse:

– Você não sai daqui antes de se olhar no espelho, pois o espelho vai mostrar o seu lado mais profundo!

Com medo de ser morta por Hamlet, a rainha pediu socorro. De trás da tapeçaria, Polônio não podia ver muita coisa, e também pensou que Hamlet ia atacar Gertrudes. Por isso, começou a gritar chamando os guardas. Hamlet imaginou que fosse o rei escondido e disse, sorrindo:

– Ora, um rato! – e furou a tapeçaria com a espada, atingindo Polônio, que caiu morto. – Quem é? Será que é o rei? – perguntou Hamlet, enquanto arrastava o cadáver. Mas ficou decepcionado quando descobriu que era o conselheiro real.

– Mas que brutalidade, meu filho, que ato sanguinário! – exclamou a rainha.

Hamlet foi irônico com ela:

Hamlet furou a tapeçaria com a espada e matou Polônio.

— Sanguinário, minha mãe? Eu diria que é tão mau quanto matar um rei e logo casar com o irmão dele!

No começo, a rainha não entendeu o que Hamlet estava dizendo. Mas o príncipe pegou dois retratos que estavam por ali, um do pai e outro do tio, e perguntou como ela tinha podido trocar um marido tão bom e virtuoso por um canalha como Cláudio.

Entendendo finalmente o que o filho queria dizer, Gertrudes ficou com muita vergonha e pediu que ele parasse de dizer aquelas coisas terríveis. Ela estava olhando para a própria alma, e não aguentava mais ver tanta sujeira.

Nesse momento, o fantasma reapareceu para Hamlet, lembrando que a vingança era contra Cláudio, não contra Gertrudes. Vendo o filho falar com as paredes, a rainha ficou ainda mais desesperada.

— Você parte meu coração em dois! — disse a rainha, chorando.

— Pois jogue fora o lado podre e viva pura com a outra metade!

Hamlet então contou que ia partir para a Inglaterra naquela mesma noite, junto com os dois antigos companheiros de escola. Ele bem sabia que era uma armadilha, mas estava preparado para sabotar os planos de Cláudio. Deu adeus para a mãe e saiu arrastando o cadáver de Polônio. E disse com sarcasmo:

— Engraçado, o conselheiro está tão quieto... Quando vivo, falava tanto!

12. PROVIDÊNCIAS URGENTES

Gertrudes correu para encontrar o rei. Ele estava reunido com Rosencrantz e Guildenstern, e ficou preocupado quando viu a esposa chorando alto.

— Hamlet está louco — disse a rainha. — Ele teve um acesso de fúria quando ouviu algo se mexer atrás de uma tapeçaria. Pegou a espada, gritou "Um rato! Um rato!" e matou sem querer o nosso bom amigo Polônio. Agora ele está chorando e foi esconder o corpo.

Cláudio percebeu que o que aconteceu com Polônio podia ter

acontecido com ele mesmo, mas ficou ainda mais preocupado em tomar atitude diante da tragédia:

– Esse maluco solto é um perigo para todo mundo. Ele vai para a Inglaterra assim que o sol clarear no horizonte. E agora? Vão dizer que nós somos os culpados porque não tratamos de controlar e isolar esse jovem enlouquecido.

O rei mandou Rosencrantz e Guildenstern chamarem mais alguém, encontrarem Hamlet e gentilmente convencerem o príncipe a levar o cadáver de Polônio para a capela. Saiu então com a rainha para procurar os amigos mais sábios e bem-relacionados. O rei pretendia contar logo o que tinha acontecido e quais providências tinha tomado. Logo a notícia ia correr o reino, as calúnias iam começar, e Cláudio queria tentar salvar o nome da família, usando todo o poder e a influência que tinha.

Rosencrantz, Guildenstern e alguns guardas encontraram Hamlet, mas o príncipe não queria revelar onde tinha escondido o cadáver. Os dois traidores então levaram o príncipe até o rei, que já estava reunido com alguns nobres. Cláudio explicava que não era possível simplesmente aplicar a lei naquele caso, embora fosse muito perigoso deixar solto um louco agressivo. Hamlet era adorado por toda a população da Dinamarca, em especial pelas pessoas simples, e o povo provavelmente ia ficar do lado dele. A ideia do rei era fazer parecer que o príncipe não tinha sido mandado às pressas para a Inglaterra, mas que na verdade a viagem já estava decidida fazia muito tempo. Hamlet entrou na sala, escoltado por guardas, e continuou dizendo coisas que pareciam sem sentido.

– Onde está Polônio? – perguntou o rei pela segunda vez, já perdendo a paciência.

– Está no paraíso. Mande alguém atrás dele. Se o seu mensageiro não encontrar o velho por lá, vá você mesmo. Mas se depois de um mês ainda não tiverem achado, você vai sentir o cheiro dele quando subir as escadas da entrada do castelo.

O rei mandou procurarem no lugar indicado por Hamlet.

– Não se preocupem – disse Hamlet. – Ele não vai sair de lá enquanto vocês não chegarem...

Cláudio tinha perdido completamente a paciência com Hamlet.

Mandou Rosencrantz e Guildenstern embarcarem para a Inglaterra com o príncipe naquele mesmo instante. Os dois traidores levavam cartas fechadas para o governo da Inglaterra. A rainha Gertrudes não sabia, mas nas cartas o rei mandava que os ingleses matassem Hamlet assim que ele chegasse. Naquele tempo, a Inglaterra era um reino subordinado à Dinamarca, pois tinha sido invadida e tomada pelo exército dinamarquês anos antes. Por isso, Cláudio tinha certeza que os ingleses não iam ousar desobedecer às ordens.

13. ONDE ESTÁ A GRANDEZA

Rosencrantz e Guildenstern, junto com alguns criados e guardas, levaram Hamlet até o cais do porto, para pegar o navio até a Inglaterra. No caminho, a comitiva viu um grande exército, que avançava devagar pela estrada. Um capitão tinha se desviado do caminho, indo na direção do castelo de Elsinor. Quando o militar chegou onde estavam Hamlet e os outros, o príncipe perguntou que exército era aquele. Ficou sabendo então que se tratava do exército da Noruega, comandado por Fortimbrás. Iam para a Polônia tomar um território sem muita importância, de tão pequeno e pobre. Hamlet comentou com o capitão que, se era assim, os poloneses nem iam se dar ao trabalho de defender aquelas terras. O oficial respondeu que eles iam sim defender a terra, e que até já tinham fortificado a região e enviado um pequeno exército para resistir aos invasores. Hamlet agradeceu, e o capitão continuou a caminho do castelo, onde ia cumprimentar o rei em nome de Fortimbrás e agradecer pela autorização para atravessar o território dinamarquês.

O príncipe foi pensando até o navio:

"Tudo parece acontecer só para me provar que tenho que completar logo a minha vingança. Minha demora em matar o rei tem uma quarta parte de sabedoria e três de covardia... Por que é que eu fico me dizendo que preciso fazer isso, mas não passo das palavras para a ação, se eu tenho a razão, a vontade, a força e os meios para agir? Vejam só: está aí um exército numeroso e caro, comandado por um bom e ambicioso príncipe, Fortimbrás. Por uma terra que é uma casquinha de ovo, esse homem enfrenta o destino e expõe tanta gente ao perigo e à morte. Ser verdadeiramente grande não é lutar por uma grande causa; é encontrar uma causa em uma palhinha qualquer, quando a honra está em jogo. Já eu, que tive o pai assassinado, a mãe prostituída e o trono roubado, deixo tudo como está? Acabo de ver 20 mil homens indo para a morte por causa de um capricho, uma ilusão de glória. E eles vão lutar por um terreno que nem espaço tem para todos os mortos serem enterrados...".

A comitiva já estava chegando no porto. Olhando para o escuro do navio no qual ia partir rumo a um destino incerto, Hamlet tomou uma decisão:

"A partir de agora, eu só vou pensar em sangue, ou não vou pensar nada!".

14. DOIS IRMÃOS FORA DE SI

Dias depois, Horácio foi procurar a rainha. Queria que ela falasse com Ofélia. Gertrudes se recusou, pois estava se sentindo muito culpada, depois da conversa com Hamlet. Mas Horácio disse que a moça estava transtornada, falando muito no falecido pai, em intrigas, em coisas sem sentido. As pessoas que estavam ouvindo podiam começar a perguntar o que ela queria dizer, e mentes maldosas podiam imaginar coisas perigosas. Diante desse argumento, a rainha acabou cedendo.

Ofélia entrou. Ela distribuía flores, dançava e, em vez de responder o que as pessoas perguntavam, entoava cantigas sobre amores e mortes. O rei chegou, e a rainha pediu ajuda. Ele também tentou falar com a moça, mas Ofélia continuou agindo como uma louca. Depois de uma canção sobre uma donzela que perdia a virgindade antes do casamento, a jovem pareceu recuperar a razão por um instante. Olhando séria para o rei e a rainha, disse:

– Meu irmão precisa ser informado de tudo. Eu agradeço os bons conselhos que vocês me deram.

Mas em seguida o olhar de Ofélia ficou vazio novamente. Ela chamou uma carruagem invisível e saiu acenando. O rei mandou

Horácio e as criadas seguirem a moça de perto e cuidarem dela. A sós com a rainha, ele lamentava:

– Gertrudes, as desgraças nunca vêm sozinhas. Primeiro, o pai dela é assassinado. Depois, o teu filho parte para longe porque está louco. O povo fica agitado, inventando histórias... enterrar Polônio em segredo não foi certo! E a pobre Ofélia agora perde a razão. Por último, e mais grave ainda, fiquei sabendo que o irmão dela, Laertes, voltou em segredo da França e está evitando nos encontrar. Ele está cercado por muita gente que nos culpa de tudo. Eu me sinto debaixo de fogo cerrado, de artilharia pesada!

A conversa foi interrompida por um grande estrondo, seguido de uma gritaria e de barulho de armas em luta. A rainha ficou apavorada, e o rei mandou chamar os **guardas suíços**, mas era tarde demais. Uma enorme multidão tinha invadido o castelo, liderada por Laertes. O povo gritava "Laertes é o nosso rei!".

Pouco depois, a porta dos aposentos reais foi arrombada, e Laertes entrou. Atrás dele vinham cidadãos dinamarqueses armados. Laertes viu que o rei e a rainha estavam sozinhos, e ordenou que todos saíssem.

> Embora a Suíça já fosse na época um país neutro, que não entrava em guerras, milhares de homens suíços lutavam como mercenários (isto é, guerreavam em troca de salário) nos exércitos de outros países. Eram soldados temíveis e muito profissionais. Por isso, era comum que reis confiassem mais neles do que em gente da própria terra, para formarem a guarda pessoal.

O povo queria ficar, mas Laertes pediu que eles apenas ficassem de guarda na porta, e foi atendido. Então Laertes disse para o rei:

– Canalha, devolve o meu pai!

A rainha tentou acalmar o jovem, mas só conseguiu que Laertes ficasse ainda mais furioso. Cláudio disse que era melhor Laertes desabafar, dizer tudo o que tinha no coração, e aos poucos foi convencendo o filho de Polônio a ouvir a versão que o rei tinha dos acontecimentos. De repente, todos ouviram um vozerio do lado de fora do quarto. Ofélia entrou, vestindo roupas estranhas e usando uma grinalda de flores de várias espécies. A moça queria que todos cantassem com ela uma canção que ninguém entendia direito, que dizia "Foi o mordomo infiel que roubou a filha do patrão". Assim como Hamlet, Ofélia agora dizia coisas que pareciam sem sentido,

Ofélia surge com roupas estranhas e flores na cabeça.

mas que acabavam revelando muita coisa. Só que a loucura de Ofélia era de verdade. Cantando o tempo todo, a moça ofereceu flores para Laertes, para o rei e para a rainha.

A fúria de Laertes aumentou quando viu o estado da irmã, e ele jurou vingança contra quem tinha matado Polônio e enlouquecido Ofélia. Cláudio disse que Laertes escolhesse os amigos mais sábios para ouvirem junto com ele as razões do rei:

– Se os teus amigos acharem que a culpa é minha, juro que entrego para você minha coroa, minha vida e todos os meus bens. Mas, se eles concordarem comigo, vamos juntos dar um jeito de consertar a situação. Quero que a lâmina do machado desça sobre o culpado!

15. SOBRE AS ÁGUAS

Hamlet imaginava que Cláudio estava armando alguma coisa contra ele. Durante a viagem de navio, esperou a noite chegar e roubou da bagagem dos dois traidores a carta do tio. No desespero, quebrou o **lacre** e ficou sabendo que o rei queria que ele fosse morto pelos ingleses. Hamlet pensou depressa. Tinha aprendido na escola a utilizar a linguagem enfeitada dos políticos e altos funcionários do governo. Na época, ele detestava os exercícios, mas, na situação em que estava metido, deu graças a Deus por ser capaz de imitar o estilo. Hamlet escreveu uma nova carta, dizendo que o rei da Dinamarca desejava que os ingleses matassem os portadores (Rosencrantz e Guildenstern) imediatamente, sem interrogatório e sem dar tempo nem para os dois confessarem os crimes. Para sorte do príncipe, ele andava sempre com o anel do pai no bolso, como lembrança. O anel tinha o símbolo da família real da Dinamarca, e assim Hamlet conseguiu fazer um novo lacre, derretendo aquele que tinha sido utilizado na primeira carta. Antes que os outros acordassem, ele colocou o envelope no mesmo lugar de onde tinha tirado.

> As pessoas importantes fechavam as suas cartas com um pouco de cera derretida. Antes que esse "*lacre*" esfriasse e ficasse sólido, um "selo" ou "sinete" (podia ser o próprio anel da pessoa, com um símbolo pessoal ou familiar) era usado como carimbo, deixando uma marca na cera. Para ler a carta, era preciso quebrar ou derreter o lacre, e isso revelava a violação da correspondência.

Na manhã seguinte, o navio dos dinamarqueses foi perseguido por piratas e aconteceu o confronto. Quando os navios se tocaram, em vez de os piratas começarem o assalto, foi Hamlet, na frente de todos, que pulou de espada em punho para o convés do outro barco. Os piratas viram que aquele jovem, pelas roupas que usava, era alguém importante e resolveram fugir, antes que um marinheiro dinamarquês pudesse socorrer. Hamlet ficou, então, prisioneiro dos piratas, mas a salvo dos traidores.

Os piratas logo ficaram sabendo que tinham capturado o herdeiro do trono de uma nação poderosa. Eles concordaram em desembarcar Hamlet em um porto próximo da Dinamarca, em troca de vantagens futuras. O príncipe escreveu então três cartas. Uma para Horácio, contando o que tinha acontecido no ataque dos piratas e pedindo que o amigo viesse urgentemente encontrar com ele, sem que o rei soubesse. Outra era para a rainha, dizendo que estava bem e logo ia voltar para casa. Era para o rei a terceira carta, e Hamlet dizia que estava voltando sozinho e que ia chegar no dia seguinte para esclarecer o que tinha acontecido.

Dois marinheiros procuraram Horácio no castelo, levando as três cartas. Depois de ler a carta que era para ele mesmo, Horácio encaminhou as outras para o rei e a rainha e foi com os marinheiros encontrar Hamlet.

16. ÁGUA DEMAIS

Em outro ponto do castelo, o rei tinha acabado de explicar para Laertes que na verdade o assassino não queria ter matado Polônio, mas sim ele próprio, Cláudio. Mas o jovem ainda não estava satisfeito, pois achava que era obrigação de Cláudio tomar uma atitude mais firme. O rei então deu duas razões para não enfrentar Hamlet. Em primeiro lugar, a rainha praticamente vivia em função do filho. E o rei amava a rainha a tal ponto que fazia tudo por ela. Em segundo lugar, o príncipe era adorado pela gente humilde. O povo ia logo perdoar os erros de Hamlet e ficar contra o rei. Laertes disse que então ia se vingar pessoalmente.

– Não perca o sono por isso – disse Cláudio. – Você acha que eu sou um frouxo? Logo, logo você vai ter novidades. Eu amava o teu pai como a mim mesmo...

Nisso o rei foi interrompido pela chegada de um mensageiro, trazendo as cartas de Hamlet. Ele ficou espantado e logo reconheceu a letra do sobrinho. Resolveu então combinar com Laertes um jeito de se livrarem de Hamlet. O filho de Polônio concordou imediatamente, pois o que ele mais queria era vingar a morte do pai e a loucura da irmã.

Cláudio disse então que tinha ouvido falar que não existia no mundo ninguém melhor do que Laertes na arte da esgrima. Ora, Hamlet era um ótimo **espadachim**, e Cláudio soube que o príncipe tinha ficado com

Espadachim é o mesmo que esgrimista, ou seja, alguém que luta com espada, florete ou sabre.

muita inveja, na ocasião. Durante algum tempo, ele só pensava em desafiar Laertes.

Espertamente, o rei perguntou:
– Você amava o seu pai? Não pergunto isso por achar que você não amava. É que as coisas mudam... E quando as oportunidades acontecem é preciso agir.
– Claro que amava. E então?
– Hamlet está de volta. O que você vai fazer para mostrar que amava o seu pai?
– Vou cortar o pescoço do assassino do meu pai dentro da igreja!

Cláudio disse então que tinha uma ideia melhor. Laertes ia evitar Hamlet, e o rei ia mandar alguém elogiar exageradamente a habilidade de Laertes na esgrima. O príncipe na certa ia ficar despeitado, e Cláudio ia propor um tira-teima entre os dois, com apostas. Cláudio ia dizer que era uma luta esportiva, não de verdade. Como Hamlet era leal e generoso, não ia examinar as espadas. Com isso, Laertes podia escolher uma espada sem proteção na ponta e matar Hamlet. O próprio príncipe ia pensar que tinha sido um acidente, que a proteção tinha caído durante o combate. Laertes disse que ia também, por garantia, envenenar a ponta com um veneno tão forte que um simples arranhão mataria em no máximo meia hora. Precavido, o rei lembrou que eles precisavam de um outro plano, para o caso de Laertes não conseguir acertar Hamlet com a ponta da espada. Ele disse que ia preparar uma taça envenenada para Hamlet fazer um brinde ou matar a sede.

Cláudio e Laertes foram interrompidos pela entrada da rainha, com a notícia de que Ofélia tinha morrido afogada. A moça tinha subido num salgueiro, à beira de um riacho, com a intenção de pendurar umas grinaldas de flores nos galhos da árvore. Um dos galhos tinha se quebrado, e Ofélia caiu na água. Por algum tempo, as roupas dela tinham servido como boias, e Ofélia tinha ficado deitada na água, cantando, até que o tecido se encharcou e arrastou a coitada para o fundo.

– Você já tem água demais, Ofélia, e por isso eu vou segurar as minhas lágrimas – soluçava Laertes.

Ofélia caiu na água e se afogou.

Só que a dor era demais, e ele desabou:
– Não adianta, minha irmã, chorar é da natureza humana... Mas as lágrimas vão acabar, e então eu vou voltar a ser um homem de verdade!

Laertes saiu. Com medo que o jovem fizesse uma loucura, o rei e a rainha foram atrás.

17. PULANDO NA COVA

Dois coveiros se preparavam para cavar uma sepultura no cemitério que ficava atrás da igreja do castelo de Elsinor. Estavam discutindo se Ofélia podia ou não **ser enterrada ali**. Um deles tinha uma explicação:
– Ela pode ter se afogado em legítima defesa.

> Tradicionalmente, um suicida não podia ser enterrado em um cemitério, porque tirar a própria vida seria um pecado mortal, e, portanto, a alma da pessoa certamente ia para o inferno.

Hamlet e Horácio conversam com os coveiros.

– Mas como é que alguém pode se afogar em legítima defesa? – perguntou o outro.

– Veja bem – respondeu o primeiro –, se o homem vai até a água e morre afogado, foi ele que se afogou. Mas se a água vem até o homem e afoga ele, ele não é culpado da própria morte, não se suicidou.

– Sabe duma coisa? Se ela não fosse nobre, não ia ser enterrada numa sepultura cristã de jeito nenhum.

Os dois começaram a cavar. Durante o trabalho, passavam o tempo cantando, contando piadas e propondo charadas. Hamlet e Horácio vinham chegando a Elsinor, sem saber que Ofélia tinha morrido. Eles pararam e ficaram vendo o trabalho dos coveiros, admirados da indiferença deles diante da morte. A cena fez o príncipe lembrar que a morte igualava todas as pessoas. Um político, um puxa-saco do rei, um nobre que explorava os escravos, um advogado, todos apodreciam, cheiravam mal, e no fim nem dava para saber de quem eram os ossos.

Então, ele pegou do chão uma caveira desenterrada pelos coveiros e ficou olhando atentamente para ela. Um dos coveiros disse que era a caveira do antigo **bobo da corte**, que divertia Hamlet em seu tempo de menino. Pensando na vida e na morte, Hamlet comentou com Horácio que **Alexandre, o Grande**, também tinha sido enterrado e virado uma caveira como aquela. Todos iam virar pó, depois da morte.

> Era comum que os reis tivessem em seu castelo um *bobo da corte*, que era encarregado de divertir a família real.

> *Alexandre, o Grande*, foi um jovem rei da Macedônia na Antiguidade. Foi um estrategista militar genial e um líder carismático. Com essas qualidades, ele unificou os gregos e conquistou os maiores impérios do Oriente Médio, do Egito até o Afeganistão. Morreu com apenas 33 anos de idade.

Hamlet então puxou conversa com um dos homens e perguntou há quanto tempo ele era coveiro.

– Comecei no dia em que o falecido rei Hamlet venceu Fortimbrás.

– E quando foi isso? – perguntou Hamlet, sem dizer que conhecia a história.

– O senhor não sabe? Qualquer idiota sabe: foi no mesmo dia que nasceu o jovem Hamlet, que ficou doido e foi mandado para a Inglaterra!

Hamlet não disse nada. Um cortejo fúnebre se aproximava: era o enterro de Ofélia. O rei vinha na frente, junto com a rainha e Laertes. Atrás deles, vinha o caixão com o corpo da moça, seguido por uma pequena procissão de nobres e padres. Hamlet e Horácio se esconderam atrás de uma árvore para observar. Eles viram Laertes discutir com um padre. O religioso disse que já era muita coisa as autoridades deixarem a jovem ser enterrada em cemitério cristão, com grinaldas de virgem, flores brancas e cortejo. Para o padre, o enterro devia ser em terreno amaldiçoado, e as pessoas, em vez de rezar, deviam atirar pedras e lama, como era o costume em caso de suicídio. Laertes ficou furioso e disse que iam nascer violetas no túmulo, e que a irmã ia ser um anjo do céu enquanto o padre ia uivar no inferno.

Hamlet ficou muito perturbado quando percebeu que o enterro era da mulher que ele amava. Sofreu mais ainda quando a rainha espalhou flores sobre o caixão. Gertrudes disse que pensava que Ofélia ia ser a esposa de Hamlet e que aquelas flores eram para o leito de noiva da moça, não para a sepultura dela.

Laertes, desatinado, pulou para dentro da cova e disse que queria ser enterrado junto com a irmã. Aquilo foi demais para Hamlet. O príncipe não admitia que ninguém amasse Ofélia mais do que ele. Saiu do esconderijo e avançou na direção da sepultura, gritando:

– Quem é esse que sofre tanto? Quem é esse que grita tão forte que paralisa as estrelas no céu? Aqui estou eu, Hamlet, o dinamarquês!

E também pulou dentro da cova. O irmão e o namorado da morta, então, lutaram sobre o caixão. Quando os nobres conseguiram separar os dois, Hamlet desafiou Laertes, perguntando o que ele ia fazer pela irmã, e falou:

– Você vai chorar? Você vai lutar? Você vai se amarrar ao caixão ou se despedaçar? Você vai beber um purgante ou comer um jacaré inteiro? Eu faço tudo isso também. Você veio aqui para se despedir de Ofélia ou fez essa palhaçada só para me desafiar? Pode se enterrar junto com ela, que eu me enterro junto. Não tem nada que você possa fazer por ela que eu não faça muito mais. Ninguém, nem 40 mil irmãos juntos são capazes de amar Ofélia tanto quanto eu amo sozinho!

A rainha pedia aflita que soltassem o filho. Ela dizia que era só um acesso, que ele em seguida ia ficar manso como uma pombinha. Os homens que seguravam os dois rapazes tinham muito trabalho para manter os dois separados.

Depois de desabafar, Hamlet foi se acalmando, e perguntou para Laertes:

— Por que você está me tratando de forma tão agressiva? Eu sempre gostei de você!

Soltaram os dois lutadores, e Hamlet se retirou. O rei mandou Horácio cuidar de Hamlet e pediu que Laertes tivesse paciência e se lembrasse da conversa do dia anterior.

18. JOGO SUJO

Hamlet e Horácio estavam no quarto do príncipe. Hamlet tinha acabado de contar para o amigo todos os acontecimentos da viagem interrompida pelo navio pirata.

— Então, Guildenstern e Rosencrantz estão perdidos? Mortos? – perguntou Horácio.

— Sim – respondeu Hamlet –, mas eles estavam gostando muito do que faziam. Não sinto nenhum peso na consciência. Eles tiveram o destino que escolheram por se meterem numa briga entre inimigos poderosos. E quanto ao rei, por que eu devo deixar vivo um homem que matou o meu pai e prostituiu a minha mãe? Um homem que se atravessou no caminho da vontade do povo e dos meus direitos na sucessão? Que tentou acabar com a minha vida, e de maneira tão desonesta? Eu não tenho o direito de acabar com um câncer desses e impedir que ele cause mais mal?

— É, mas ele vai saber o que aconteceu na Inglaterra – disse Horácio.

— E isso vai ser logo – Hamlet deu de ombros. — Eu tenho todo o tempo do mundo, e a vida toda de um homem não dura nem o tempo de contar até um.

Hamlet só lamentava por ter passado dos limites com Laertes. Afinal, os motivos do filho de Polônio eram muito parecidos com os dele mesmo. Por isso Hamlet disse para Horácio que pretendia se reconciliar com Laertes, se bem que a forma como o jovem tinha expressado a dor pela perda da irmã tinha mexido com os brios do príncipe.

A conversa foi interrompida pela chegada de Osric, um dos nobres da corte de Cláudio. Ele disse que estava lá em nome do rei para dar as boas-vindas ao príncipe por ter voltado para a Dinamarca. Osric era mais puxa-saco do que Polônio, e Hamlet resolveu se divertir com ele: primeiro disse que fazia calor, depois afirmou que fazia frio, e Osric concordava sempre.

Osric, seguindo as instruções que tinha recebido de Cláudio, começou a falar maravilhas das qualidades de Laertes. Disse que o irmão de Ofélia era considerado invencível na esgrima, especialmente com o **florete**. Pois o rei achava que Hamlet ganharia de Laertes mesmo assim, tanto que tinha apostado seis cavalos árabes, e Laertes, seis floretes e seis punhais franceses com os respectivos cinturões.

> Tipo de espada comprida, de lâmina flexível, sem fio e com a ponta arrematada por uma proteção arredondada. É usada para o esporte, e não para uma luta real.

– E qual é a aposta?

— O rei apostou que, em doze assaltos, Laertes não vai conseguir alcançar uma vantagem maior do que três **toques** contra o príncipe.

Isso significava que o rei considerava que Hamlet ia perder, mas seria por pouco, por não mais de três toques a mais de Laertes. É claro que Hamlet não gostou de

> Nas regras da esgrima, a luta é interrompida cada vez que um dos adversários toca o corpo do outro com a arma. Ganha quem consegue mais *toques*.

ouvir que Laertes era considerado melhor do que ele na esgrima, e caiu na armadilha de Cláudio: mandou dizer que aceitava a luta.

Algum tempo depois que Osric saiu, um outro nobre da corte apareceu e disse:

— O rei foi informado por Osric que o senhor, príncipe Hamlet, aceitou a aposta. E o rei manda perguntar se o senhor ainda está decidido a lutar. Se for assim, o rei quer saber se a disputa pode ser feita agora mesmo, ou se o senhor precisa de alguns dias para se preparar.

Hamlet se sentiu ofendido porque a pergunta do rei insinuava que ele precisava treinar para poder enfrentar o irmão de Ofélia. E era isso mesmo que Cláudio queria: deixar Hamlet com muita raiva. O príncipe então mandou dizer que estava pronto, e que o rei, a rainha e toda a corte podiam descer para o salão e presenciar o duelo. Antes de sair com a resposta de Hamlet, o nobre disse que a rainha pedia que ele recebesse Laertes com gentileza.

Enquanto os dois amigos caminhavam na direção do salão, Horácio disse para Hamlet que ele ia perder a aposta. O príncipe respondeu que ia vencer, porque não tinha parado de treinar desde que Laertes tinha partido para a França. Além disso, ainda tinha os três toques de vantagem.

— Só tem uma coisa que me incomoda, Horácio. Estou um pouco angustiado, com um pressentimento que deixaria uma mulher com medo...

— Se você tem alguma preocupação na cabeça, qualquer uma, é melhor levar isso em conta. Eu posso dizer para eles virem outra hora, quando você estiver preparado.

— De jeito nenhum, Horácio! Eu desafio qualquer presságio. Até a queda de um pardal tem uma razão de ser. Se tiver que ser agora, não vai ser depois. Se tiver que ser depois, não vai ser agora. O jeito é estar preparado o tempo todo. Se um homem não é dono do que deixa, por que se vai se importar com a hora de deixar?

Hamlet e Horácio chegaram no salão quase ao mesmo tempo que o rei, a rainha, Laertes, Osric e os outros nobres. Apareceram também criados carregando os floretes e luvas de esgrima, além de uma mesa, jarros de vinho e taças. O rei pediu que os dois rapazes se cumprimentassem. O príncipe Hamlet pediu perdão para Laertes, de um modo meio estranho:

— Eu ofendi o senhor, mas todos aqui sabem que estive louco. Se algo que eu fiz ofendeu a sua honra e os seus sentimentos, eu declaro aqui que foi a loucura que me fez agir assim. Mas Hamlet não ofendeu Laertes! Nunca! Se Hamlet estava fora de si quando ofendeu Laertes, não era Hamlet. Se não era Hamlet, então Hamlet não ofendeu Laertes. Hamlet nega a ofensa. Mas quem ofendeu, então? A loucura dele. Se foi a loucura, Hamlet está no lado ofendido, e a loucura é inimiga dele também.

— Quanto aos meus sentimentos, que iam me exigir uma vingança terrível, estou satisfeito e perdoo o senhor — respondeu Laertes. — Mas quanto à honra, continuo me sentindo ofendido e não aceito reconciliação sem que nobres mais velhos, de honra indiscutível, decidam que o meu nome está limpo e posso ficar em paz. Por enquanto, eu vou aceitar como amizade o que o senhor diz que é amizade. Prometo que vou respeitar a sua palavra.

Enquanto a plateia fazia as últimas apostas, Osric levou os floretes para os dois rapazes. Hamlet pegou qualquer um enquanto conversava com o rei. Mas Laertes reclamou que o primeiro que tinha escolhido era muito pesado. Assim, enquanto Cláudio distraía Hamlet, o filho de Polônio pôde trocar a arma sem ponta pelo florete pontiagudo envenenado.

O rei ordenou que colocassem os jarros de vinho na mesa. Ele e a rainha se acomodaram atrás. Antes de sentar, o rei disse bem alto, para que todos ouvissem, que, se Hamlet acertasse o primeiro ou o segundo toque, ou se escapasse do terceiro toque de Laertes, todos os canhões do castelo deviam disparar. E disse o rei:

– Eu vou beber à saúde de Hamlet, jogando na taça uma **pérola** mais valiosa que aquelas usadas nas coroas dos últimos quatro reis da Dinamarca. Me deem as taças. Que o tarol avise as trombetas! Que as trombetas avisem os canhões! Que os canhões avisem os céus! Que os céus avisem a terra: "O rei Cláudio está brindando à saúde do príncipe Hamlet!".

> Apesar de ser usada em joias junto com pedras preciosas como rubis e diamantes, a *pérola* não é uma pedra e tem origem animal (é formada no interior de ostras). Por isso, pode ser dissolvida com vinagre ou mesmo vinho. Beber vinho com uma pérola dissolvida era sinal de muita riqueza.

As trompas tocaram. O rei sentou, segurou na mão da rainha e disse para os lutadores começarem e os juízes manterem os olhos bem atentos.
– Em guarda, senhor! – disse Hamlet.
– Em guarda, Alteza! – respondeu Laertes.

19. E O RESTO É SILÊNCIO

– Um! – comemorou Hamlet.
– Não, Alteza! – protestou Laertes.
Hamlet solicitou o julgamento dos juízes. Osric disse que tinha sido um toque bem evidente. Laertes se conformou e convidou Hamlet a continuarem a luta, mas o rei levantou a mão:
– Esperem! Sirvam vinho nesta taça!
Cláudio mostrou a todos uma linda pérola. Ele jogou a joia no vinho e ofereceu a taça para Hamlet:
– Esta pérola é sua, Hamlet! À sua saúde – e Hamlet não percebeu que o rei tinha acabado de envenenar a bebida.
Quando o rei brindou, as trombetas tocaram, e o castelo tremeu com o estrondo de todos os canhões.
– Deem a taça para Hamlet – ordenou o rei.
– Vamos lutar mais um assalto antes – disse Hamlet. – Deixem a taça aí na mesa, por enquanto.
Lutaram mais um pouco, e Hamlet disse que tinha tocado em Laertes de novo. Dessa vez, o próprio Laertes reconheceu. A rainha ficou preocupada, porque o filho estava suado e ofegante. Deu um lenço para o filho se enxugar e pegou a taça envenenada:
– Agora é a rainha que brinda à sua sorte, Hamlet!
Cláudio tentou tirar a taça da mão da rainha.
– Gertrudes, não beba! – exclamou o rei.
Mas a rainha bebeu assim mesmo, sem saber do veneno. "Tarde demais, ela bebeu o veneno!", pensou Cláudio, sentindo um aperto no coração. Gertrudes ofereceu a taça para Hamlet. Ele disse que ia beber mais tarde. Enquanto a rainha enxugava o rosto do filho, Laertes disse baixinho para o rei:

A rainha brinda com o vinho envenenado.

– Agora eu vou acertar Hamlet! – Mas por dentro ele não queria mesmo acertar o príncipe. Laertes estava quase arrependido de ter aceitado o duelo.

– Não acredito nisso – disse o rei, desolado.

Hamlet reclamou que Laertes parecia estar só brincando com ele:

– Me ataque de verdade! Está querendo me fazer de bobo?

A luta foi ficando cada vez mais violenta.

– Tome! – gritou Laertes, quando conseguiu ferir Hamlet.

O príncipe não interrompeu a luta. Em vez disso, avançou como um selvagem contra Laertes. Com a violência do choque, os floretes caíram no chão. Hamlet pegou por engano a arma de Laertes. No novo ataque, feriu Laertes com gravidade.

– Separem os dois! – gritou o rei. – Eles estão possuídos!

– Não! – gritou Hamlet, atacando de novo.

A rainha caiu. Osric gritou:

– Olhem, a rainha! Acudam!

Enquanto algumas damas atendiam Gertrudes, Horácio avisou os fidalgos que os dois lutadores estavam sangrando. Ele foi socorrer Hamlet, e Osric acudiu Laertes:

– Como você está, Laertes?

– Fui apanhado na minha própria armadilha, Osric. Minha própria traição me matou!

Hamlet se aproximou da mesa.

– Como está a minha mãe?

– Ela desmaiou quando viu que vocês dois estavam sangrando – respondeu o rei.

Gertrudes conseguiu levantar a cabeça.

– Não, não! – gritou a rainha. – Foi a bebida! Hamlet, meu querido, eu fui envenenada! – disse isso e caiu morta.

Hamlet saltou e gritou para os guardas:

– Infâmia! Tranquem as portas! Procurem o traidor!

No meio da confusão, Laertes caiu e chamou o príncipe:

– Hamlet, o traidor está aqui! Você está morto, Hamlet. Nenhum remédio do mundo pode salvar você. Em meia hora, você vai morrer, e o instrumento da traição está na sua mão, sem proteção na ponta, e envenenado.

Hamlet e os fidalgos olharam estupefatos para a espada ensanguentada. Laertes continuou:

– O plano se voltou contra mim. Eu também estou caído aqui para nunca mais me levantar. Sua mãe foi envenenada, Hamlet, e o rei é o culpado!

Hamlet se virou para o rei e acertou um golpe em cheio no coração de Cláudio, dizendo:

– Veneno, faça o seu trabalho!

Cláudio pediu socorro, mas ninguém acudiu. Hamlet forçou o tio a beber um gole da taça envenenada:

– Tome, dinamarquês maldito, incestuoso, assassino! Beba a sua pérola e siga a minha mãe!

O rei morreu. Amparado por Osric, Laertes sorriu com tristeza e se despediu de Hamlet:

– Foi merecido! O rei bebeu do veneno que ele próprio preparou. Nobre Hamlet, vamos trocar perdões! Que as mortes da minha família não caiam na sua conta, nem a sua morte caia na minha.

Dizendo isso, morreu o valoroso filho de Polônio, o dedicado irmão de Ofélia. Hamlet se despediu de Laertes e da rainha, e abraçou Horácio.

– Estou morto, Horácio. Não vou ter tempo de contar a essa gente tudo que aconteceu. Conto contigo para defender a minha memória.

– Nada disso. Sou mais um **romano antigo** do que um dinamarquês. Ainda sobrou um pouco de bebida! – Horácio tentou beber o veneno, mas Hamlet segurou a taça.

> Horácio se compara a um antigo guerreiro, que preferia morrer junto com seu chefe.

– Se você é homem, me dê essa taça! O que vai ser do meu nome, se você não aguentar mais um pouco neste mundo de dor? Espere pelo menos até contar a minha história para todos!

Nesse momento, Hamlet ouviu estrondos e perguntou:

– Mas que barulho é esse?

Hamlet acerta um golpe no coração de Cláudio.

O som de soldados marchando e de salvas de tiros entrou pelas janelas. Osric foi ver o que era e disse para Hamlet:

– O jovem Fortimbrás está voltando da Polônia e se encontrou na frente do castelo com os embaixadores da Inglaterra. Os tiros foram de saudação entre as comitivas.

Hamlet lamentou não poder ouvir as notícias da Inglaterra, mas disse para Horácio que achava que Fortimbrás ia ser rei.

– Ele tem o meu apoio. Diga isso para ele, e conte tudo que aconteceu...

Sentindo que ia morrer, Hamlet juntou as poucas forças que ainda tinha e concluiu:

– O resto é silêncio.

Horácio, vendo o amigo morrer, comentou:

– Assim estala um coração nobre. Boa noite, doce príncipe! Os anjos vão levar você para o descanso merecido!

Nisso, entraram no salão Fortimbrás e o embaixador da Inglaterra, seguidos pelas comitivas. O norueguês ficou horrorizado com a cena, e o inglês perguntou para Horácio quem ia agradecer pela morte de Guildenstern e Rosencrantz. O amigo de Hamlet disse que o rei não ia agradecer nem mesmo se estivesse vivo, porque não tinha sido dele a ordem. Pediu que os dois recém-chegados ordenassem que os corpos fossem colocados onde o povo pudesse ver tudo. Pediu também para que permitissem que ele contasse para o mundo todo o que tinha acontecido:

– Eu vou falar de atos incestuosos, sangrentos e contrários à natureza. De julgamentos viciados e assassinatos acidentais. De mortes instigadas por astúcias e trapaças. E, para terminar, de trapaças que caem na cabeça dos próprios inventores. Meu relato vai revelar toda a verdade.

Fortimbrás respondeu a Horácio:

– Vamos ouvir você o mais rápido possível. A mais alta nobreza vai ser convocada. Quanto a mim, é com tristeza que abraço minha oportunidade. Tenho uns direitos a reivindicar aqui neste reino da Dinamarca.

– Também vou falar sobre isso em nome de alguém que garantiu que apoiaria o senhor. Mas tudo tem que ser feito bem depressa,

Hamlet foi carregado com honras militares.

antes que novas intrigas e enganos tragam mais desgraças – disse Horácio.

Fortimbrás mandou levarem os corpos para um lugar onde o povo pudesse ver. Quanto a Hamlet, o príncipe da Dinamarca, Fortimbrás mandou que fosse carregado por quatro capitães, com honras militares, ao som de música e gritos guerreiros:

– Se ele tivesse reinado, ia ser com certeza um grande rei!

DEPOIS DA LEITURA

Este livro faz parte da coleção "É só o Começo", destinada a novos leitores jovens e adultos, recém-alfabetizados ou alfabetizados há mais tempo. O objetivo da coleção é diminuir a distância entre o leitor e o livro. Textos originais foram adaptados, reduzidos e enriquecidos com notas históricas, geográficas e culturais, inclusive mapas, para auxiliar na leitura e na compreensão do texto. Dados sobre a obra, a época em que foi escrita, o autor e também sobre os personagens são apresentados com esse mesmo fim: a aproximação prazerosa do leitor com o texto escrito.

Mas a leitura de um texto pode e deve ir além de tudo isso. Assim, para depois da leitura, oferecemos a você – leitor, animador cultural, professor, participante dos mais diferentes grupos – algumas ideias para pensar e para saber mais sobre o tema tratado no livro. São sugestões que você poderá utilizar se quiser e como quiser: elas podem se transformar num bom bate-papo amigo, num debate em grupo, num assunto para pesquisa ou num tema de redação. Você escolhe. Você inventa.

No caso das sugestões de outros livros, dvds, filmes e sites da internet, sabemos que nem sempre todos terão acesso a esses materiais. Mas fica a sugestão. Talvez você encontre na sua região outros livros, outras imagens, outras músicas, relacionadas com a obra lida. O importante é que você possa ir além do texto, debatendo temas inspirados na obra, buscando novas fontes para pensar mais sobre o assunto e estabelecendo relações entre o livro e outros modos de contar histórias, como os do rádio e da televisão, por exemplo.

Acreditamos que este seja um bom começo para jovens e adultos sentirem a felicidade de embarcar na viagem das letras e – quem sabe? – aguçarem a curiosidade para buscar o texto original das histórias adaptadas, visitar bibliotecas, contar e criar histórias suas, encantar-se com a palavra e a imaginação.

PARA PENSAR

1. OS BASTIDORES DO PODER

A história de Hamlet ilustra muito bem os bastidores da vida de um palácio em que um rei comanda seu império. Com muita habilidade, William Shakespeare nos transporta para o mundo das intrigas, dos jogos de poder e da frieza que acompanham as ações dos poderosos, tanto no plano interno a um reino, o da Dinamarca, quanto no plano externo das relações entre países, no caso a relação entre Inglaterra, Dinamarca, Noruega e Polônia. (A pronúncia do nome do protagonista é algo como "râm-let", e o do autor é mais ou menos "uíliam chêiks-pir".)

O jovem príncipe mostra surpresa quando sabe da traição de seu tio e de sua mãe. Eram pessoas tão próximas que ele nunca poderia esperar algo parecido. Desde logo o leitor fica sabendo que Hamlet tem vários motivos para se vingar: o pai morreu; o tio e a mãe não esperaram nem o período de luto para casarem; e, pior ainda, ao casar com sua mãe o tio Cláudio impede Hamlet de subir ao poder, como príncipe herdeiro que era.

Por outro lado, Hamlet conta com um valioso amigo, Horácio, que é capaz de se manter fiel a ele em todas as circunstâncias. Diferentemente de outros, como Rosencrantz e Guildenstern, que aceitaram fazer o jogo sujo de Cláudio, Horácio fica ao lado do amigo Hamlet e se encarrega, ao final da história, de manter a memória daquele que morreu injustiçado.

Você conhece algum caso parecido com este, de luta pelo poder tão forte que leva até mesmo ao assassinato?

Qual a sua opinião sobre o papel de Cláudio? E sobre o que faz Gertrudes, a mãe de Hamlet? Eles agiram de modo certo ou errado? E os amigos de Hamlet?

Como você avalia o papel de políticos palacianos como Polônio e Osric?

2. SER OU NÃO SER UM INTELECTUAL

A tragédia *Hamlet* tem passagens muito famosas, que são conhecidas de muita gente, mesmo por pessoas que nunca viram a peça ser representada, nem leram sua história. Uma delas é a frase "Tem algo de podre no reino da Dinamarca", dita por Hamlet. Outra delas é a cena em que Hamlet, já tendo certeza praticamente total da traição do tio e da mãe, ainda duvida se deve matar o novo rei, para vingar o pai assassinado, ou deve permanecer sofrendo. Ele diz, falando sozinho: "Ser ou não ser: eis a questão... O que é melhor: aguentar as estacas e as flechas que o destino crava em nosso coração, ou enfrentar um mar de dificuldades com a espada na mão e acabar com elas?".

(Curiosamente, muitas vezes se divulga a imagem de algum ator interpretando Hamlet e dizendo essas frases com uma caveira na mão, no capítulo 17; mas a cena do cemitério não tem nada que ver com essa outra em que ele diz "Ser ou não ser", que pertence ao capítulo 8.)

A dúvida, portanto, é entre pensar ou agir. Tanto Hamlet sofre essa dúvida, que em outro momento ele confessa invejar um sujeito como Fortimbrás, que é decidido: ataca a Polônia, liderando muitos soldados, sem pensar muito nas consequências. Não é que Hamlet seja medroso, tanto que na cena final ele duela com Laertes com grande empenho; o problema é que a reflexão quase sempre leva o sujeito a pensar muitas vezes, pesar os prós e os contras, e isso é o contrário da ação.

Assim, Shakespeare nos oferece, na história do pobre e atormentado príncipe, um comentário profundo sobre a natureza do poder e sobre o abismo que existe entre o pensamento e a ação direta.

Você concorda com a imagem de Hamlet como um símbolo do intelectual, do pensador? Você concorda com a imagem de Cláudio ou mesmo de Fortimbrás como políticos sem escrúpulos?

Você conhece algum caso de político importante que tenha vivido algum tipo de situação assim, com uma enorme diferença entre o que pensa e como age, ou entre vida privada e vida pública?

Como você interpreta a figura dos coveiros?

3. A TRAGÉDIA DO AMOR E DO PODER

A tragédia é uma forma antiga de texto teatral, que vem dos tempos da Grécia e continua até hoje. Ela se caracteriza, basicamente, por duas coisas: um conflito entre o indivíduo e o poder, de um lado, e uma ideia de que o destino não tem volta, de outro.

No caso de *Hamlet*, poder e amor estão entrelaçados na história do príncipe: as duas dimensões se sobrepõem, porque Ofélia, a amada de Hamlet, é filha de um político palaciano que prefere sempre apoiar o mais poderoso, mesmo que ao custo da felicidade dos filhos e que aconselha os filhos a agirem de modo a conseguirem se aproximar do poder.

A loucura de Hamlet, que nunca chega a ficar totalmente definida, se deve a essas ambiguidades: ele quer ser fiel a seu pai, assassinado, mas também quer ser feliz com a amada; por outro lado, ama sua mãe, mas ela aderiu ao projeto do tio, o traidor; entre essas coisas todas há a questão do poder, as tramas de morte e tudo que acompanha a dura realidade.

Você conhece alguma outra tragédia? Real ou ficcional? Como ela aconteceu?

Você se identificou com algum outro personagem da trama de amor? Por quê? O que você faria no lugar dele?

Especificamente, como você considera o papel de Ofélia? Ela poderia ter tomado alguma iniciativa para sair da situação em que sofria tanto?

FILMES

Hamlet. Além de incontáveis encenações da peça, há várias adaptações do clássico de Shakespeare para o cinema e a televisão, e por certo todas têm algum tipo de valor. Uma adaptação que recebeu bons comentários (mas também críticas devido a cortes no texto original e a uma simplificação na dimensão política da trama) foi dirigida por Franco Zefirelli, em 1990, com Mel Gibson no papel principal e Glenn Close como a rainha Gertrudes. Outra adaptação, mais fiel ao texto original, foi dirigida e protagonizada por Kenneth Branagh, de 1996, com quatro horas de duração.

O poderoso chefão. Grande filme de Francis Ford Coppola, de 1972, baseado em romance de Mário Puzo, é um excelente caso de relato sobre os bastidores de uma família poderosa, neste caso um grupo mafioso nos Estados Unidos. A reflexão sobre os limites da ação individual em relação aos interesses coletivos encontra aqui uma excelente representação.

Shakespeare apaixonado. Comédia romântica norte-americana, de 1998, dirigida por John Madden. É uma fantasia sobre a vida do grande escritor, que nos mostra algo dos modos de vida de sua época.

LIVROS

Shakespeare de A a Z – livro das citações, de William Shakespeare. Organização Sergio Faraco. L&PM Editores. Coleção de frases sábias do autor de *Hamlet*.

Romeu e Julieta. Nesta mesma coleção "É só o Começo", para neoleitores, a L&PM Editores publica outro clássico de Shakespeare, que conta uma história de amor impossível entre dois jovens pertencentes a famílias rivais. De certa forma, os mesmos ingredientes de *Hamlet*, o amor e o poder, se encontram presentes na triste história dos dois amantes.

SITES

http://www.pensador.com/autor/William_Shakespeare – Aqui você poderá encontrar uma coleção de frases do mesmo autor de *Romeu e Julieta*, que mostram grande sabedoria e servem como um auxílio para cada um pensar nas coisas da sua própria vida.

lepmeditores
www.lpm.com.br
o site que conta tudo

IMPRESSÃO:

PALLOTTI
GRÁFICA

Santa Maria - RS | Fone: (55) 3220.4500
www.graficapallotti.com.br